अकेलेपन में भी इश्क़ सूफ़ी है

दुर्गा प्रसाद गुप्त

वाणी प्रकाशन

वाणी प्रकाशन
4695, 21-ए, दरियागंज, नयी दिल्ली 110 002
फ़ोन : +91 11 23273167 फ़ैक्स : +91 11 23275710

शाखाएँ

अशोक राजपथ, पटना 800 004, बिहार

कॉफ़ी हाउस कैम्पस, महात्मा गांधी मार्ग, इलाहाबाद 211 001, उत्तर प्रदेश

महात्मा गांधी अन्तरराष्ट्रीय हिन्दी विश्वविद्यालय, वर्धा 442 001, महाराष्ट्र

सुल्तानिया रोड, मोतिया पार्क, भोपाल 462 001, मध्य प्रदेश

www.vaniprakashan.com
marketing@vaniprakashan.in
sales@vaniprakashan.in

AKELEPAN MEIN BHEE ISHQ SOOFI HAI
by Durga Prasad Gupt

ISBN : 978-93-89563-33-7
Poetry Collection

प्रथम संस्करण 2020

मूल्य : ₹ 199

सिटी प्रेस, दिल्ली-110 095 में मुद्रित

वाणी प्रकाशन का लोगो मक़बूल फ़िदा हुसेन की कूची से

बेटू और नानू के लिए

शाम्यतीदं कथं दुःखमिति तप्तोस्मि चिन्तया
जगद्द्रुमइवोग्रेण कोटरस्थेन वह्निना।।

बूढ़ा कोई पेड़
अपने कोटर के भीतर आग
लिए जलता है जैसे
दुःख की आग मेरे भीतर है
पुराना दुःख
मन के कोटर में

'योगवासिष्ठ' (उत्पत्ति प्रकरण : 12.20–21)
भाषान्तर : श्रीकृष्ण पन्त
आभार : योगवासिष्ठ एवं भारतीय परम्पराएँ
सं. राधावल्लभ त्रिपाठी

अनुक्रम

अदृश्य हुआ चाहता हूँ

जब भी स्मृतियों में मूर्त होती हो तुम
स्वप्न देख रहा होता हूँ मैं
प्रेम कर रहे होते हैं स्वप्न में हम।

स्पर्श तुम्हारा
पिघलाता है पूरी दैहिकता को
जड़ता तोड़ती है तुम्हारी स्मृति
ऐसा क्या कुछ है इस प्रेम में, कि
पूरा प्रेम समा नहीं पाता इस स्वप्न में!

अपने प्रेम के सिवा और कुछ नहीं चाहता मैं
बस
अदृश्य हुआ चाहता हूँ तुम्हारे साथ
इस सृष्टि में!!

घाटी में उतरते हैं मेघ

मेरे पहाड़ी क़स्बाई सपने में है
दुनिया की सबसे ख़ूबसूरत जगह।
उस कस्बाई घाटी के अन्तिम छोर की ऊँचाई
जहाँ से नीचे की ओर देखता हूँ अक्सर
उस जगह को
जो दुनिया की सबसे ख़ूबसूरत जगह है।

गहरे कटाव वाले
पहाड़ी घुमावदार
रास्तों से
गुज़रती नदियाँ
घाटी में अवरुद्ध उनका प्रवाह,
पहाड़
जो कई दिशाओं से सान्निध्य देता है उन्हें।

नदियों का प्रवाह, पहाड़, हरियाली, बाँध
पहाड़ी भूगोल मिलकर
दिन में ही साँझ हो जाने
और प्रेम के सघन अनुभव–सदृश
जिन बिम्बों को रचते हैं
न जाने कब से उनमें

अटका पड़ा हूँ
मैं!!

जब घाटी में उतरते हैं
आषाढ़ के मेघ
तब न जाने कितनी चीज़ें
उतरती हैं मेरे भीतर
आँखों के नम होने से पहले ही वे
रच देती हैं अनन्त नमी
मेरे भीतर।
मैं और वह ख़ूबसूरत घाटी
एकमेक हो जाते हैं
इस सृष्टि में!!

अनुभव होता है
'मेघदूत' को पढ़ने जैसा
बारिश में भीगने जैसा
कालिदास की विकलता को
महसूस करने जैसा

अर्थ मिलता है
सृष्टि में रहकर
न रहने जैसा
अहसास होता है
कुछ पाने जैसा
बहुत कुछ के सान्निध्य में रहकर
सधने जैसा
जीवन का अर्थ
तलाशने जैसा!

उन शाश्वत
सुन्दर–दृश्यों को
देखना चाहता हूँ मैं
आजीवन
पहाड़ी क़स्बाई
बने रहकर!!

आँसुओं से भीगती है धरती

आँसुओं से भीगती है धरती रोज़–बरोज़
लेकिन उन्हें देख नम नहीं होतीं आँखें हमारी
क्योंकि आँसुओं को देखने की आदी जो हो गयी हैं आँखें।

जिन्हें दुख, यातना और कमज़ोरी की निशानी समझते हैं हम
वास्तव में वह संवेदनशीलता है और
उन्हीं से सृजन होता है शक्ति का।

आवश्यक नहीं कि
अन्याय के खिलाफ़ लड़ाई मैं ही लडूँ
वैसे यह लड़ाई आपकी भी है
लेकिन एक–न–एक दिन व्यक्ति अपनी लड़ाई स्वयं लड़ता है
जब यातना में होता है वह।

वैसे भी
हर लड़ाई
हर संघर्ष
हार और जीत की ही नहीं होती
न्याय और नैतिकता की भी होती है
जो आँसुओं के सृजन के रास्ते चलकर आती है।

दूसरा घर

(पांडिचेरी समुद्र तट को बुहारती एक बूढ़ी स्त्री को देखकर)

सुबह–सुबह उठकर
जैसे पूरा घर बुहारती थी माई
ठीक वैसे ही
समुद्र–तट को बुहारती हो माँ
जैसे यह समुद्र–तट न हो
तुम्हारा घर हो
और यहाँ आने वाला हर सैलानी
इस घर का मेहमान हो!

अपने मेहमानों के आने की तैयारी में
हर सुबह लग जाती हो साफ़–सफ़ाई में कि
कहीं कोई कमी न रह जाये!

पर सैलानियों को कौन समझाये
कैसे समझायें माँ कि
हर दूसरा घर
अपना ही घर होता है।

और जो कूड़ा–कचरा समुद्र तट पर या
कहीं भी करते हैं वे
लौटकर अपने ही घर आता है वह।

अपने मेहमानों को क्यों नहीं समझाती हो माँ
कि समुद्र की विराटता की बजाय
अपनी तुच्छता लिए ही क्यों लौट जाते हैं वे!!

जानती हैं बेटियाँ

जानती हैं बेटियाँ
आँसुओं की संवेदनशीलता
और कमज़ोरी अपने पिताओं की
जो टिक नहीं पाते हैं आँसुओं के सामने।

जानती हैं वे कि
दुनिया से लड़ने वाले उनके पिता
कैसे हार जाते हैं अपनी बेटियों
और उनके आँसुओं से।

जलना चूल्हे का

धुआँ–धुआँकर जलता था चूल्हा बारिश के दिनों में
वे साल के सबसे कठिन दिन होते थे माई के लिए
खाना पूरे परिवार का
वो भी चूल्हे पर बनना होता था।

बारिश आने के पहले से ही
जलावन के लिए
लकड़ियों की तैयारी में लग जाती थीं वे
कभी–कभार लकड़ियाँ कम भी पड़ जाती थीं उन दिनों और
लकड़ियों और गोइठों में नमी आ जाती थी सो अलग
सीले हुए जलावन से चूल्हा ही नहीं
पूरा घर भर जाता था धुएँ से
उन्हें फूँक–फूँककर थक जाती थीं माई ताकि वे जलें
आँखें दुखने लगती थीं धुएँ से

जैसे चूल्हा नहीं
उनकी आँखें धुआँती
वैसे भी उनकी ज़िन्दगी में संघर्ष कम नहीं थे कि
चूल्हा उनसे अलग होता
वह भी शामिल था उन्हीं संघर्षों में

चूल्हा फूँकते–फूँकते बीत गयी थी पूरी ज़िन्दगी उनकी, पर
कभी कोई शिकायत नहीं थी उन्हें
अपने इस धुआँते चूल्हे सदृश ज़िन्दगी से

उन सुलगती लकड़ियों में
ज़िन्दगी का लौ देखती थीं वे
इसलिए धुआँ कभी डिगा नहीं सका उन्हें
अपने काम से और
चूल्हे का न जलना अपशगुन भी था उनके लिए।

सूफ़ी की तरह

थकने लगी हैं आँखें
इस दुनिया में
इश्क़ का जलवा देखने के इन्तज़ार में
पर इश्क़ की कौन कहे
सूफ़ियों को ही निपटाने में लग गये हैं लोग।

कभी लाहौर
कभी गुजरात
कभी कश्मीर
तो कभी बांग्लादेश में।

सूफ़ियों को मिटाने से भी
नहीं मिटेगा इश्क़ दुनिया से।

अपने अकेलेपन में भी इश्क़ सूफ़ी है

वली दकनी
हजरतबल
अमजद साबरी और
सूफ़ी बाउलों को मिटाने से भी
नहीं मिटते हैं निशान इश्क़ के।

मज़ारों
दरगाहों
खानकाहों
दरवेशों और कलन्दरों तक ही महदूद नहीं है इश्क़!

आँसुओं और दुखों के सैलाब में बहता नहीं इश्क़
डुबकी लेना और तैरना सिखाता है वह
लहरों पर चलना सिखाता है वह!

मनुष्य मरता है
इश्क़ नहीं
वह ज़िन्दा रहता है इश्क़ में
एक सूफ़ी की तरह।

लगायी जा रही है आग
पूरी दुनिया में
इश्क़ को ख़ाक करने के लिए।

पर बचा रहता है वह
अपनी अमरता में
अमृत की तरह
कस्तूरी–सुगन्ध की तरह।

रहम की ज़रूरत नहीं होती इश्क़ को
उसे भी इश्क़ बनाता है सूफ़ी

हिंसा के अँधेरे में
तब्दील हो चुकी दुनिया में

सूफ़ी बिखेरता है
रोशनी इश्क़ की।

मेरी आहों
मेरी साँसों
मेरे रुदन की सिसकियों में है सूफ़ी।

माया से परे
इश्क़ की दुनिया में
लौटाता है वह
मुझे बार–बार!!

अदहन के पानी की तलाश में

दालों के चुरने का ही मसला था तब और
पानी और आग पर ही निर्भर था सब कुछ
लेकिन चूल्हे में आग अच्छी हो और
बटलोई में पानी अच्छा न हो तो
दाल चुरने की गारंटी कोई नहीं दे सकता।

दाल के लिए अदहन और
चूल्हे में
कड़कदार लकड़ियों और गोइठों के जलने से तय होता था कि
दाल कितनी जल्दी बन जायेगी।

अक्सर दाल जब नहीं चुरती कुएँ के पानी से तो
तलाश में उसके निकल पड़तीं गाँव की स्त्रियाँ ताल–तलैयों
की ओर
जानती थीं अपने अनुभवों से वे कि
किन ताल–तलैयों के पानी से चुर जाती है दाल

ताल–तलैयों की ओर जाना और लौटना उनका
गीतों–लोकगीतों की स्वर लहरियों का जाना और लौटना था
संगीतमय हो उठती थी प्रकृति अदहन के पानी की तलाश में।

अब जबकि
ताल–तलैया, नदी–कुएँ सब कुछ सूख चुके हैं तो
प्रकृति से ही नहीं
हमारे जीवन से भी गीत–लोकगीत विदा हो चुके हैं
अब अदहन के पानी की तलाश में
नहीं निकलना पड़ता स्त्रियों को अपने घरों से
नये–नये साधन जो हैं उनके पास!!

रेत पर बनजारे

रेत पर तने हुए हैं बनजारों के तम्बू
यह सृष्टि में उनके घर होने का एहसास है
जो कभी स्थायी नहीं रहता।

स्थायी है
रेत पर चूल्हों का बनना और
उनसे धुएँ का उठना
काँसे और मिट्टी के बर्तनों के खनक का होना
उनके जानवरों की अनिवार्य उपस्थिति के साथ–
उनके बच्चों का शोरगुल और
रेत पर उनका खेलना
रेत पर फैला पूरा एक जीवन और
उसमें शामिल कई–एक जीवन के क़ाफ़िले।

चलते–फिरते क़ाफ़िले स्थायी हैं
रेत पर तने हुए तम्बू नहीं और
वैसे भी किसको पता है कि
अगला ठिकाना कहाँ होगा उनका!
उनकी बोली–बानी से अनजान मूकदर्शक हैं हम
फिर भी सोचता हूँ
उनके और रेत के बारे में।

यदि इस रेत की जगह मिट्टी होती तो
क्या वह उनके पैरों को बाँधती
रोकती उन्हें, और
उनका भी कोई घर होता इस सृष्टि में!

पर रेत है कि उन्हें रोकती ही नहीं
बाँधती ही नहीं
मुक्त करती है
जीवन में बनजारापन रोपती है और
बनजारे हैं कि
उस पर जीवन रोपते हैं!!

बाशिन्दे नहीं होते बनजारे

देखता था बचपन में उन्हें
जब गाँव की सड़क से गुज़रते आदमियों और जानवरों के क़ाफ़िले
अजनबियों की तरह उन्हें देखने
पहुँच जाते हम सड़क किनारे।

क़ाफ़िला अपने जीवन के अनिवार्य
माल–असबाब से भरा–पूरा होता
उनके बर्तन–भाँडे, कपड़े–लत्ते, ओढ़न–बिछावन
बच्चे, मुर्गे–मुर्गियाँ लदे होते जानवरों पर
कुत्ते तो जैसे स्थायी हमसफ़र थे उनके!

ख़ाली सड़क भर जाती क़ाफ़िले से
क़ाफ़िले से उठती सड़क की धूल
जहाँ तक दिखायी देती थी हमें
हमारी निगाहें देखती थीं उन्हें वहाँ तक।

क्षितिज के आस–पास जाकर
कहीं ओझल हो जाते थे वे
ठण्डी–गर्मी, आँधी–पानी से बेख़बर
लगातार चलते रहते हैं वे इस सृष्टि में।

घरवाले जब कहते कि
घर साथ लेकर चलते हैं यात्राओं में वे तो
विश्वास नहीं होता था हमें
उनका घर हमारी तरह नहीं बल्कि
आदमियों और जानवरों के पैरों पर चलता घर था।

अब लगता है कि इस धरती पर
अनेक सभ्यताओं के समानान्तर
अनवरत चलती रहती है
एक विस्थापित सभ्यता
जिसके पड़ाव तो होते हैं
मुक़ाम नहीं।

इसलिए चलना घर का यात्राओं में
लग सकता है
जैसे आदमी यात्रा पर न हो,
यात्रा पर हो घर

जैसे हमारी दुनिया को देखने के लिए
यात्रा पर निकले हों वे और
ये अनिवार्य यात्राएँ हों उनके जीवन की
जो कभी ख़त्म नहीं होतीं
सिर्फ़ शुरू होती हैं और
चलती रहती हैं
एक अन्तहीन विस्थापन की यात्रा!
जिसमें बाशिन्दे नहीं होते बनजारे
सिर्फ़ यात्री होते हैं विस्थापन के।

उजले रेत के साथ बहती हो तवी

तुम्हारी वीरानियत में
निहारता हूँ तवी तुम्हें
एक सुन्दर स्त्री की तरह।

शहर के गिरते नालों
किनारों की बसाहट
पहाड़ियों की हरियाली के मध्य आबाद तवी
नदी होने का आभास तो देती हो
पर मेरी ही तरह
तुम्हारे ऊपर पुलों से गुज़रते लोग
निहारते हैं तुम्हारी सूनी कोख!

सूनी कोखवाली स्त्री भी तो स्त्री ही होती है और
सूखी नदी भी तो आख़िर नदी ही होती है तवी पर
तुम्हें निहारने में केवल चिन्ताएँ ही नहीं
उम्मीदें भी होती हैं सभ्यता और संस्कृति की
बारिश के मौसम की तरह

जो नदियों को ही नहीं
हमारे जीवन को भी लबालब कर देती हैं
अपनी जलधाराओं से

फिर भी लबालब तवी कहाँ विलीन हो जाती हो ग्रीष्म में कि
दिन के उजाले और
रात की रोशनियों में तुम्हारी 'उजली रेत'
आभास देती है जल का!!

एक प्रतिभासी नदी भी रोप देती है
सूखा सौन्दर्य का
हमारे जीवन में!

पेड़–पौधों, वनस्पतियों से आच्छादित
पहाड़ियों और संस्कृतियों के बीच से गुज़रती तवी
जिस सौन्दर्य का सृजन करती हो
वह अपने तमाम सौन्दर्य के बावजूद
बिना जल के अधूरी दिखती है।

नदियाँ बिना जल के सुन्दर दिखती ही नहीं
और तुम हो कि बिना जल के
दिन के उजाले और
रात की रोशनी में
अपनी उजली रेत के साथ बहती रहती हो
जल सदृश!!

कविता का छल

यह कहाँ का चलन है महाकवि कि
आपका हालचाल पूछते
देख–रेख करते
चिन्ता करते–करते
बीमार हो जाऊँ मैं और
अहंकारी सामन्तों की तरह आप
एक बार भी हाल–चाल तक न पूछें मेरा।

यह एक कवि की
कविता में मानवीयता और महानता का नष्ट होना है
जो अहंकार अमानवीय बनाता हो कवि को
कैसे मानवीय बना रह सकता है वह कविता में!

यह कविता में
भाषा के माध्यम से किया गया छल है
हो सकता है यह
कवि को बड़े–बड़े पुरस्कारों और सम्भ्रान्त मुक़ामों तक पहुँचा दे
पर महान कविता
अहंकार और अमानवीयता में ज़िन्दा नहीं रहती।

उसके लिए
अपने सृजन में ही नहीं
मानवीय बना रहना होता है जीवन में भी
आप और आपकी कविता है कि
बिना परवाह किए
छल किये जां रहे हैं
इस सृष्टि में!!

शब–बख़ैर

बैंड गाँव कब पहुँचा
नहीं जानता मैं
बस इतना जानता था कि अपने गाँव में बैंड है और
मघई काका को बैंड मास्टर कहा जाता है।

दादी माँ कहती कि
गँवई जीवन का ऐसा कोई काम नहीं है
जिसमें उन्हें महारत हासिल न हो
पूरे दलित टोले में नहीं
गाँव में भी उन जैसा कोई था ही नहीं
पूरे के पूरे कलावन्त थे वे।

नचनियाँ से लेकर बैंड मास्टर बनने तक की
अनेक अन्तर्कथाएँ थीं उनकी
जुगीड़ा से लेकर नौटंकी तक का
नाचने से लेकर गाने–बजाने तक का
लम्बा सफ़र तय किया था उन्होंने।

सुकुल की बगिया में
जब अपने बैंड के साथियों के साथ
रियाज़ करते वे

तो गाँव वहीं होता
अपने साथियों को साज पकड़ना, बजाना
और उनकी बारीक़ी समझाते वे।

आश्चर्य होता कि
कैसे टेढ़े–मेढ़े घुमावदार बैंड के साज़ों में
साँस फूँकने मात्र से
सृष्टि होती है संगीत की।

संगीत उन पिचके हुए गालों में बनता
छोटे–छोटे गुब्बारों में भरा होता
जो कभी फूलता
तो कभी पिचकता
जो ज़िन्दगियाँ बहुत सारी चीज़ों से वंचित थीं
वो भरी–पूरी होतीं संगीत से।

उनके बैंड के लोग
जब लाल पीली
हरी सुनहली पोशाक पहनकर
और पैरों में घुटनों तक
लाँग बूट बाँधकर निकलते
तो ऐसा लगता कि
जैसे किसी अनोखी सांगीतिक यात्रा पर हों वे
जिसमें पीछे होती अभावों वाली ज़िन्दगी
और आगे होता बैंड!

शादी–ब्याह में
जैसे नाच–नौटंकी आदि बाँधे जाते थे

वैसे ही उनका बैंड भी बाँधा जाता था
'लगन' में कभी खाली नहीं रहते थे वे
मशहूर बैंड मास्टर जो थे वे!

जिस वक़्त नाचना छोड़ा था उन्होंने
ठान लिया उसी वक़्त कि
अब वे नाचेंगे नहीं
नचायेंगें लोगों को

एक रागात्मक
और कलात्मक प्रतिशोध था उनका

नाच कभी नशा था
अब बैंड नशा था उनका
उनकी बजायी धुनें
अटक–सी गयी हैं
मन के किसी कोने में।

जब तक क्लैरिनेट में साँसें नहीं भरते थे वे
तब तक साँसें रुकी रहती थीं हमारी
''हो दिन गुज़ारा तोरे अँगना
अब जाने दे मोहे मोरे सजना
मेरे यार शब–बख़ैर।
हो मेरे यार, शब–बख़ैर...हो...र...र'।

इस धुन के बजते ही
बैंड के सारे साज़ सक्रिय हो जाते
क्लैरिनेट में साँस भरते हुए ऐसे झूमते वे
जैसे नशे में झूमता हो कोई
दिखता था काका का नृत्यकार!

उनकी बड़ाई साधू काका तक करते
जो साधू बनने की पूरी प्रक्रिया में थे!
'ऐसे कलावन्त लोग
गाँव समाज को बड़े नसीब से मिलते हैं' कहते वे
और हम हैं कि
उनकी क़द्र करना तक नहीं जानते।

वे कहते
हमारे लोक जीवन को अर्थ
और उत्सवों को रंगत देते हैं यही लोग

उनकी बजायी धुनें
याद आतीं हमें
जो जीवन में
उम्मीद का सन्देश लेकर आतीं–
"राजा की आयेगी बारात
रंगीली होगी रात
मगन मैं नाचूँगी...हो, राजा...गी।"
क्लैरिनेट पर इस धुन के बजते ही
ड्रम के बीट्स जीवन्त हो उठते
ट्रम्पेट के साथ देते ही
कितनों के पैर थिरकने लगते
कितने मटकने लगते
कितनों की आत्मा रससिक्त हो जाती
कितनों की अपनी शादी–ब्याह की
आस तक बँध जाती।

सेक्सोफ़ोन उस संगीत को
जैसे धरती से उठाकर आसमान में बिखेर देता

संगीत की धूम मच जाती
सड़कें जाम हो जातीं
ज़िन्दगियाँ थम–सी जातीं।

काका की बजायी लोकधुनें
न जाने कब से बज रही हैं मेरे अन्दर
और वे भी
जो अकेले में बजायी गयी
विरह और बेकली की धुनें थीं
"ना...जिया...लागे ना
तेरे बिना मेरा कहीं जिया लागे ना...
ना...ना
पिया तेरी बावरी से रहा जाये ना...।"
लता मंगेशकर रेडियो पर
काका क्लैरिनेट पर
मन में गहरी विकलता को जगाते थे
विरही मन भटक–भटक जाता था
अपने प्रेम में!!
और भटकने की प्रक्रिया में
अपने अर्थ को प्राप्त करता था प्रेम।

वैसे भी प्रेम अपने शृंगार में नहीं
अपने विरह में ही परिभाषित होता है
और एक प्रेम ही है
जिसमें असफल होने पर भी
वापसी की सम्भावनाएँ बनी रहती हैं।
क्या किसी ऐसी
सम्भावना की तलाश में थे वे

या केवल किसी को इन धुनों में याद किया करते थे वे
या जीवन से ख़त्म होते जा रहे
रस–आनन्द की वापसी चाहते थे वे!

वे याद करते कि
गाँवों
खेत–खलिहानों
और सिवानों से उठने वाली
लोकगीतों की स्वर लहरियों में
जीवन की जो सघन रसमयता थी
कहाँ बिला गयीं वे
जिससे रस–सिक्त जीवन
खाली–सा हो गया उनसे।

जीवन की थाप, झनकार
और मिठास वाली ध्वनियाँ
जो उमंगें लिए आती थीं जीवन में
कहाँ खो गयीं दे।
वे जानते थे कि
नाचने–गाने का आनन्द
तो उठाना चाहते हैं लोग
पर इसे
दूसरों का काम समझते थे लोग।

इसलिए
धीरे–धीरे संगीत के नाम पर
फ़िल्मी भजन ही बचे थे हमारे जीवन में
यहाँ तक कि

फ़िल्मी गीतों
और संगीतों से ही पूरी होती थीं
भक्त लोगों की मनोकामनाएँ एवं साधनाएँ
और वे लोग
जो अपना गुज़र–बसर
लोकगीतों और लोक–वाद्यों को
गा–बजाकर कर लेते थे
उनसे भी फ़िल्मी गानों की
माँगें की जाने लगी थीं
सब कुछ समा गया था फ़िल्म में
फ़िल्म उतर आयी हमारे जीवन में!!

लोकसंगीत का जो उल्लास था
हमारे जीवन में
वे सबके–सब बिसर गये थे धीरे–धीरे
विकास आगे निकल गया था
संस्कृतियाँ कहीं पीछे छूट गयी थीं
बहुत कुछ की तरह
संगीत भी शोर में बदल चुका था
फिर भी
रॉक और पॉप के दौर में
बैंड बजा रहे थे काका!

लोकसंगीत वाली सुबह
सुगम संगीत की दुपहरी में
कब की बदल चुकी थी
और होने ही वाली थी
शास्त्रीय संगीत वाली शाम।

यदि काका के पास बैंड न होता
तो लुप्त हो रही
अपनी सांगीतिक संस्कृतियों पर
कौन बजाता मातमी धुन
और आने वाली 'रैप' और 'रॉक' की रात को
कौन कहता
शब–बख़ैर!!

विराम चिह्न

जितनी विविधता
गाँवों की गालियों में होती है
उतनी शहरों की नहीं
शहरों की गालियाँ
गाँवों की जैसी भदेस भी नहीं होतीं।

अकेले दादी माँ को
जितनी गालियाँ देते हुए सुनी मैंने
उतनी किसी और से नहीं
बंगाल से लेकर उत्तर भारत के तराई इलाक़ों तक की
रंगत होती उनकी गालियों में।

आक्रोश, हिंसा और अश्लीलता ही
नहीं होती उनकी गालियों में
कभी–कभी निहायत अपनापन भी होता था
कुछ गालियाँ तो अपनापन लिए ही होती हैं
अपने सम्बन्धों और अभिव्यक्ति में!

दादी माँ ख़ुश होतीं जिससे
नाराज़ होतीं जिससे
शिकायत होती जिससे

दुखी होतीं जिससे
गालियाँ भी उसी हिसाब से होती थीं उनकी।

मनुष्य के जीवन और मृत्यु के आर–पार
अपना जीवन होता है गालियों का
जो गाहे–बगाहे दूसरों के विरुद्ध ही इस्तेमाल होती हैं
पर वे शब्दकोशों में नहीं
जीवित रहती हैं मनुष्य के जीवन–व्यवहार में ही
जैसे इनके बिना अधूरी होती हैं ज़िन्दगियाँ और
बिना विराम चिह्नों की होती हैं संस्कृतियाँ!!

रोज़ ग़ायब होते बच्चे

इस महानगर से रोज़ ग़ायब होते बच्चे
कितना दुख और नाउम्मीदी छोड़ जाते हैं अपने पीछे
जिसे जानते हैं सिर्फ़ उनके माँ–बाप
और परिवार के लोग।

हमारे समय के लिए
महज़ यह एक सूचना, संख्या और
ख़बर से बढ़कर कुछ नहीं है
और ख़बर तो बेख़बर बनकर रह जाती है
फिर
इसका क्या करें कि–
ग़ायब होने वाले बच्चों में ज़्यादातर लड़कियाँ होती हैं
पर बच्चे तो आख़िर बच्चे ही होते हैं
चाहे वे लड़के हों या लड़की।

अदालतें, मानवाधिकार एवं तमाम दूसरे संगठन
इनके बारे में
यही तो कहते हैं कि
गुम बच्चों में ज़्यादातर
मानव तस्करों के शिकार हो जाते हैं।

पर कौन जाने
क्या होता है उनका, पर
यही तो कहती हैं ये संस्थाएँ कि
उन बच्चे–बच्चियों में से ज़्यादातर
यौन शोषण
भीख मँगवाने और
मानव अंगों का कारोबार करने वाले गिरोहों के हत्थे चढ़ जाते हैं।

ज़िन्दगी उनकी
एक गुमनाम त्रासदी बनकर रह जाती है

ऐसी त्रासदियाँ हमारे जीवन और व्यवस्था में आँधी और
तूफान बनकर कभी आती ही नहीं
इसीलिए
इससे अप्रभावित हम
उसी तरह अपने दैनन्दिन के कार्यों में रमे रहते हैं
जिस तरह उन बच्चों की
गुमशुदगी की प्राथमिकी भी दर्ज न करने वाली पुलिस
लापता बच्चों की बाबत
रिपोर्ट जारी करने वाला राष्ट्रीय अपराध रिकॉर्ड ब्यूरो और
इसके बाबत
अदालतों से डाँट–फटकार खाने वाली सरकारें!

जब 'तारे ज़मीन पर' फ़िल्म को देख
अपनी नम हुई आँखों को पोंछ रहे होते हैं हम
तब भी हमारे आँसुओं में
वे बच्चे शामिल नहीं होते
नहीं याद आते वे बच्चे और
हम भी

यदि इसे संवेदनशीलता से नहीं लेते
तो इसलिए कि–
वे बेहद ग़रीब माँ–बाप के बच्चे होते हैं
'तारे ज़मीन पर' के खाते–पीते घरों के बच्चे नहीं।

ज़िन्दगी पाने के बाद

पता नहीं कब से
कविता बनने की प्रक्रिया में रही हो तुम
सिर्फ़ भाषा ही जानती है कि
कितनी गहन अनुभूति हो तुम!!

जो कुछ मिलता रहा है तुमसे
अभिव्यक्ति देता रहा हूँ उसे और वो
जो सिर्फ़ ज़िन्दगियों में शुमार होता है
किसी और में नहीं!

जीने का सलीक़ा भी शुरू होता है वहीं से ही
अनायास नहीं होता सब कुछ!!

ऐसी होती हैं कुछ चीज़ें
जो अपनी सार्थकता सिद्ध करती हैं
ज़िन्दगियों को पाने के बाद!

गुमनामी

समीकरणों
षड्यन्त्रों
ईर्ष्याओं
और उठापटक की इस दुनिया में
नाम कमाने से बेहतर है कि
मैं गुमनामी में ही मर जाऊँ!!

हो सकता है कि
गुमनामी इनसे अच्छी हो!!

समय

दिन के साथ
उम्मीदें जो जगती हैं
वो साँझ बन उतरती हैं
उदासी के रूप में।

कुछ डूब रहा होता है भीतर
कुछ ठहर–सा गया होता है बाहर

बावजूद भौतिकता के
विवश होता है व्यक्ति समय से
कभी रहता है वह
समय के भीतर
कभी उसके बाहर
जीवित रहकर जीवितों के साथ
निर्जीव होकर निर्जीवों के साथ

अन्त में
दुनिया से नहीं
विदा लेता है वह समय से
और विदा करता है उसे समय
कि मुक्त हो

वह विश्राम ले सके
समयरहित
समय में
देहरहित
देह में..!!

बहुत कुछ को छोड़ता हुआ!
बहुत कुछ को देता हुआ वह!
इस सृष्टि में!!

जानता हूँ मैं

इन्तज़ार
उम्मीद की भाषा
परीक्षा है धैर्य की।

जानता हूँ मैं
इसीलिए करता रहा हूँ इन्तज़ार
ख़ामोशी से
कि शायद पा सकूँ तुम्हें एक दिन और
अर्थ अपने जीवन का!!

बावस्तगी

(जगजीत सिंह के लिए)

तमाम आवाज़ों के बीच
एक सुरीली आवाज़
जो अलग से सुनायी देती थी
कुछ ऐसी कि
लरजती, दर्द और सुखन से सजी
मासूम मीठी–सी सोज़ भरी आवाज़
जिसमें दर्द बयाँ होता था
मस्ती शोख़ी महकती थी
उस गायकी में।

इश्क़–रोमान की
गहन अनुभूति में
जब उड़ान भरती थी
उनकी आवाज़, तो–
सृष्टि जैसे
पूर्णता को प्राप्त कर लेती थी
बहुतों को जैसे
लय मिल जाती थी ज़िन्दगी की।

यह ठेठ देसी ज़िन्दगी का–
सांगीतिक अन्दाज और रूहानियत थी
जो ख़ुशबू की तरह थी

एक बावस्तगी है
जो कहती है बार–बार
"चिट्ठी न कोई सन्देश
जाने वो कौन–सा देश
जहाँ तुम चले गये।"

मुस्कुराहट

आपकी क्रूरता
दिखती है
आपकी मुस्कुराहट में
मन रोने को हो आता है
आपकी समझ पर।

कोई कैसे मुस्कुरा सकता है
तमाम ज़िन्दगियों को ख़त्म करने के बाद
और यह कैसा विकास है
जो मनुष्यता की अनुपस्थिति में
शुरू होता है हिंसा के बाद
और उसकी सदिच्छाएँ
नरोदा–पाटिया और
गुलबर्ग सोसायटी होकर नहीं जातीं।

एक अन्यायी के
छूट निकलने पर
ख़ुशी मनाते हैं
आपके लोग।
पर यह कैसी ख़ुशी है
जो लोगों के जीवन में

पसरे अँधेरे सन्नाटे में भी
देखती है अपना भविष्य!

ऐसे में रोशनी की तलाश में
भटकती है मनुष्यता
और आप हैं कि
मुस्कुरा रहे हैं!!

लाचारी

नहीं भूलते
उन तस्वीरों को हम
जिसमें ज़िन्दगी
लहूलुहान होती है।

जब लहूलुहान हो रही होती हैं ज़िन्दगियाँ
तब उन्हीं में से डबडबाई आँखों वाला
हाथ जोड़े एक व्यक्ति
भीख माँग रहा होता है
रहम की।
अगर रहम–दिल वाले होते वे
तो फिर दंगाई क्यों होते!

ऐसी तस्वीरों को
इसलिए भी नहीं भूलते हम कि
उसमें उस व्यक्ति की ही नहीं
आपकी और मेरी भी लाचारी नज़र आती है

क्या हम लाचार
कुतुबुद्दीन अंसारी नहीं हैं
जो अपने अल्पसंख्यक होने की

त्रासदी में जीते हुए
तलाशते हैं
ज़िन्दगी जीने का तर्क।

और भटकते हैं लगातार
इतने बड़े लोकतन्त्र में
कि पा सकें मनुष्यता
और आश्वस्त हो बचा सकें उसे
कि रहम की भीख माँगता
कोई न दिखे
इस सृष्टि में!

फ़ातिहा

मनुष्यता
जहाँ भी अस्त होती है
शेष कुछ भी
नहीं बचता वहाँ
सिवाय
अपनों को खोने वाली
सूनी आँखों
सूख चुके आँसुओं
उदास आवाज़ों और
करुण संगीत के।

जब आत्मा के घाव
अभी भी इतने हरे हों
और स्मृतियाँ अभी भी इतनी ताज़ा हों कि
जिन नरसंहारों में
बीस दिन के बच्चे को भी नहीं बख़्शा गया हो,
ऐ देश!
उस बच्चे की क़ब्र पर
मैं क्षत–विक्षत आत्मा वाला एक बेबस नागरिक
उसके लिए नहीं
तेरे लिए फ़ातिहा पढ़ता हूँ!

लोग हैं कि चुप हैं

कवि
दो टके की
कविताएँ हैं आपकी
इसलिए कि
दो टके के आदमी हैं आप!

जब बिना नैतिक हुए
सब कुछ मिल रहा होता है जीवन में
तब नैतिकता की क्या ज़रूरत!

संवेदनशीलता और बौद्धिकता ने तो
स्पर्श तक नहीं किया आपका
और जब आप
मनुष्य और बुद्धिजीवी बन ही नहीं पाये, तो
मन्त्री जी के सलाहकार बन गये!
अवश्य ही
मन्त्री भी आप जैसा ही होगा
तभी तो–
एक–दूसरे की सवारी करते हैं आप
और लोग हैं कि चुप हैं!!

रुकी हुई आज़ादी

गाँधी टोपी
कभी–कभी किताबों और फ़िल्मों में दिख जाती थी
कभी–कभी क्यों दिखती थी वह
कभी–कभी ही क्यों याद करते थे लोग
इसलिए कि
वह कभी हमारे जीवन का
हिस्सा ही नहीं रही।

और हम टोपियाँ ही उछालते रहे एक–दूसरे की
और जो गाँधी टोपी थी हमारे पास
उसे ठीक से पहना ही नहीं कभी
और वो आज़ादी
जिसका सम्बन्ध इस टोपी से था–
बीच रास्ते में ही
कहीं रुक गयी थी

गाँधी टोपी भी
वहीं कहीं छूट गयी थी।

लोग अब यह समझने लगे हैं कि
जब तक टोपियाँ नहीं पहनेंगे वे

तब तक स्थगित ही रहेगी आज़ादी
टोपी के इन्तज़ार में।

लोगों को
अपनी भूल का एहसास होने लगा है
और अब वे
टोपियाँ पहनने लगे हैं
क्योंकि
टोपी की ताक़त
समझने लगे हैं लोग
इसलिए भी कि
जंगलों में लड़ रहे लोगों से सरकार
उतना नहीं डरती
जितना कि
गाँधी टोपी से!

माई ही तो घर थीं

परिवार में
सबको पता था
माई को
कैंसर है
लेकिन
लाइलाज है वह या
वह माई को
छीन लेगा हमसे
कोई नहीं जानता था।

दुस्सह ग़रीबी में भी पूरी कोशिश थी
उन्हें बचाने की,
क्योंकि
उन्हीं से घर, घर था।
घर की कोई कल्पना अधूरी होती माई के बिना।

जब भी बाहर से आता कोई
माई को ही पूछता पहले
जैसे इतना बड़ा परिवार वाला घर
घर न हो
माई ही घर हों!

उन्हीं से बुना था
घर का ताना–बाना
पर उस ताने–बाने को
छिन्न–भिन्न करने पर तुला था कैंसर
कैसे एक रोग उजाड़ देता है
एक भरा–पूरा परिवार
नहीं जानता था मैं!

माई का इलाज कर रहे डॉक्टरों ने
जब अलग से बुलाकर बातचीत करनी चाही, तो
तमाम शंकाओं और आसन्न विपदाओं से घिर गया था मैं
मेरे बारे में
घर के बारे में
बात करने के बाद
उन्होंने माई के बारे में बातें कीं
अस्पतालों की दुनिया में पहली बार इतनी आत्मीयता
और मनुष्यता देखी थी मैंने
लेकिन जब उनकी बातों से लगा कि
अब माई के इलाज का कोई अर्थ नहीं
कुछ ही दिनों की मेहमान हैं माई, तो
जैसे साँसें थमने लगी हों मेरी
धड़कनें रुकने लगी हों मेरी!

बार–बार पूछतीं वे
बताने की ज़िद करतीं कि
अलग से मुझे क्यों बुलाया डॉक्टरों ने
मुझसे कहा क्या उन्होंने
उनसे यही कहता मैं कि

आपके इलाज के बारे में बातें की हैं उन्होंने
'इलाज तो मेरा बहुत दिनों से चल रहा है'
'और यदि इलाज की ही बात की है उन्होंने तुमसे, तो
तुम्हारा चेहरा इतना मुरझाया हुआ क्यों है?'
बताओ! (मानो पूछतीं वे!)

(कौन–सी विद्या होती है माँओं के पास इस सृष्टि में
जिससे अपने बच्चों की हर धड़कन
और हर भाव को पढ़ लेती हैं वे)
अपने आँसुओं को रोकता मैं
विश्वास दिलाता उनको
दिलासा देता
पर यक़ीन नहीं होता उनको!
आसन्न–स्थिति को भाँप लिया था उन्होंने!

न तो उनसे सच कह सकता था मैं
न ही अपने भाई और बहनों से
और न दूर–स्थित बाबू जी से ही
जैसे साहस और शक्ति चुक गयी हों!

बिना माई के घर की कल्पना से काँप जाता मैं
दिन तो जैसे–तैसे कट जाते
लेकिन रातें इतनी डरावनी और लम्बी होतीं कि
सुबह होने
और माई के बचे रहने की आस ही जिलाये रखती हमें।

उनका पूरा ध्यान रखते हम कि
उनका कुछ भी कहा

अनसुना या अनकिया न रह जाये
शिकायती लहजे में कहतीं वे, कि
सब समझती हूँ मैं!
मैं सोचता कि कैसे समझ सकती हैं वे
और उन्हें क्यों समझना चाहिए!

अस्पताल से
घर आने के बाद
बचे हुए सभी कामों को
निपटाने की जल्दी में थीं वे
जैसे कि वे अपनी तैयारी में हों
मृत्यु की तैयारी में!!

उन्हें अपनी चिन्ता नहीं थी
और न ही बीच रास्ते साथ छूट जाने की
अपने बच्चों की चिन्ता खाये जा रही थी उन्हें
छोटे भाई–बहनों को अपनी आँखों के सामने ही रखतीं वे
उन्हें खिलातीं, पिलातीं
और नहलाकर जब कपड़े पहनाती हुई सिसकतीं
तो मेरा अन्तस हाहाकार कर उठता
सोचता
मैं भी एक बार लिपटकर उनसे
जी भर कर रोऊँ!!
लेकिन ऐसा नहीं होता।

वे कहतीं कि
सबसे समझदार बेटे हो तुम मेरे
इनकी पढ़ाई–लिखाई

बहनों की अच्छे घरों में शादी
बाबूजी की देखभाल...और...
ढेर सारी ज़िम्मेदारियाँ छोड़े जा रही हूँ तुम्हारे ऊपर
बस एक ही मलाल है
कुछ नहीं कर पायी
तुम लोगों के लिए!
मन रो उठता
कि कहूँ
हम ही क्या कर पाये आप के लिए!

उनकी सिसकियों के साथ
जब भाई–बहनों की सिसकियाँ मिलने लगतीं
तो मुझे लगता कि मेरे पास भी
आँसुओं के सिवाय कुछ नहीं है।

जब ज़िन्दगी के भ्रम में
मृत्यु को भूल जाते हैं हम
तब मृत्यु
एक भरी–पूरी ज़िन्दगी को
छीन ले जाती है हमसे।

यह सच है कि
हम ज़िन्दगी को मृत्यु में नहीं
मृत्यु में ज़िन्दगी को देखते हैं
इसीलिए असहाय स्थितियों में भी
तलाशते हैं हम
पूरी एक ज़िन्दगी।

अब जब कि

सब कुछ ख़त्म हो गया है
और माई नहीं है अब
उनकी मृत्यु से उपजा अँधेरा
साँय–साँय करता हमारे घर में ही नहीं
हमारी ज़िन्दगियों में प्रवेश कर गया था
कोई ऐसी रोशनी थी ही नहीं
जिससे छँटता यह अँधेरा।

अँधेरे में घर को देखना
स्मृति के टिमटिमाते दीये में
आँसुओं और सिसकियों को देखना था।

माई की मृत्यु के
अँधेरे में घर कहीं खो गया था
दिखायी ही नहीं देता था घर
क्योंकि
माई ही तो घर थीं।

देह

छलकती हैं देहें
जामों की तरह।
कामुक मुद्राओं में लरजती
रंग–बिरंगी रोशनियों में
नहा रही होती हैं
नृत्यरत देहयष्टियाँ बुलाती हैं
अनामन्त्रित को भी!

अभिव्यक्ति अदम्य इच्छाओं
और कामनाओं की
जो कभी पूर्ण होना नहीं जानती!!

अपना देश

यह कैसा सुरक्षित देश है?
जो अपने ही लोगों से
असुरक्षित महसूस करता है!!

कैसे–कैसे लोग

ये कैसे लोग हैं!
जो रहते तो विदेश में हैं
और मरते अपने देश में हैं!!

मैं जो नहीं हूँ

मैं जो हूँ
वही रहूँगा
मर कर भी।

मैं जो नहीं हूँ
वह नहीं होना चाहता
जी कर भी!

भाषा से बाहर

कविता
भाषा में
प्रेम करने का सलीक़ा है
इसलिए
भाषा से बाहर कर दी गयी
मनुष्यता को भी
खोज लाती है वह
ताकि
बची रहे भाषा
बची रहे कविता
इस सृष्टि में!!

हम चुप रहें

समानता का रूमान
मनुष्यता की तरफ़दारी का रूमान है
नैतिकता के प्रति वफ़ादारी का रूमान है
चूँकि सत्ता नैतिकता में नहीं
शक्ति में विश्वास करती है
इसलिए जंगल में छिड़ी लड़ाइयों के समर्थकों
को भी ललकारती है वह।

सत्ता दहशत पैदा करती है–
मध्यवर्गीय दिमाग़ों में
कि भलाई इसी में है कि चुप रहें वे।

इसकी चिन्ता किसको है कि
प्राकृतिक संसाधनों पर किसका हक़ हो!
पूँजीपति घरानों का
या आदिवासियों का।

प्रश्न यह है कि
लोग इस व्यवस्था से
इतने मायूस क्यों हैं।

यह मायूसी नहीं
यातना भी है
चीज़ों को समझने की
और यातना जितनी ही बड़ी
या लम्बी होती है
जनता की लड़ाई भी
उतनी ही बड़ी और लम्बी होती है।

'और जब जनता विश्वास खो दे सरकार में'
तो उनकी पुलिस और सेना ही तो
बहाल करती है विश्वास को!

लेकिन
आज़ादी के इतने सालों बाद भी
जो व्यवस्था उन्हें न्याय नहीं दिला सकी
वह दुहाई क्यों देती है
संविधान और संसदीय लोकतन्त्र की
व्यवस्था के शब्दकोश में
'शर्म' नाम का कोई शब्द है भी या नहीं!

आदिवासी भाई
जो लोग अभी तक
तुम्हें इस देश की 'मुख्यधारा' में नहीं ला पाये
वे किसी भी क़ीमत पर
उसमें लाकर ही दम लेंगे तुम्हें
और वैसे भी मुख्यधारा से
अनजान नहीं हो तुम!
क्योंकि

जो मुख्यधारा में नहीं हैं
या तो वे व्यवस्था विरोधी हैं या विद्रोही।

अब तुम्हारे पास कोई रास्ता ही नहीं है
सिवाय भूखे मरने या लड़ने के
भूखे मरने से बेहतर है
हम लड़कर मरें
ताकि दूसरे भूखे न रहें
इस सृष्टि में।

शाम–ए–अवध

एक अच्छी शाम कब नसीब हुई
इस शहर में।

अवध तो बहुत पहले ही
पीछे छूट चुका था
कौन जाने
वहाँ की शामें भी
उस रूप में बची होंगी या नहीं!

वे सुबहें
वे शामें
वे ऋतुएँ
कहाँ नसीब होती हैं
अब इस शहर में!

समय
जब अपने समय में नहीं है
तो हम भी कहाँ हैं
अपने समय में
उससे बाहर कर दिये गये हैं हम
उन निर्जीव वस्तुओं की तरह
जिन्हें कुछ भी नसीब नहीं होता
इस सृष्टि में!!

कहाँ कम हुई हैं

गाँव में
कुछ भी तो नहीं बचा था
कहानी बनने से,
जो कुछ बचा था
उसे कहानी नहीं बनना था।

जो थीं
जीवन्तता से भरपूर होतीं वे
पर ज़िन्दगी थी ही ऐसी गाँव की
जिसके लिए कम पड़ती थीं कहानियाँ।

गाँव के जीवन और परिवेश में
कहाँ नहीं थीं कहानियाँ।

बचपन में जिन पेड़ों, पोखरों
बागीचों और नदियों से सम्बन्धित
भूत–पिशाचों की कहानियों से डरते थे हम
उन दिनों किसी मिथकीय आख्यान से
कम नहीं लगती थीं वे,
वे अविश्वास
आशंका की कहानियाँ नहीं

डर और दहशत की कहानियाँ थीं
जो दिन में ही घने अन्धकार का सृजन करती थीं।

गाँवों के
भूत पिशाचों की कहानियाँ–
इस रूप में उग आयी हैं
शहरी परिवेश में
कि लोग ही
किसी भूत–पिशाच से कम नहीं लगते।
भूत–पिशाचों के बनिस्बत
अब लोग अधिक डरावने लगते हैं।

आज उन्हीं के बीच रहते हुए
उन्हीं से डरते हैं हम
जो किन्हीं भूत–पिशाचों से कम नहीं है
पहले उनसे डरते थे हम
अब लोगों से!!

कहाँ कम हुई हैं
डर और दहशत
वाली कहानियाँ!
बढ़ी ही हैं हमारे जीवन में!!

क्या कहा जा सकता है

एक समय
आँसुओं की क़ीमत थी
आज नहीं है।

लोग हैं कि
बात–बात पर हँसते हैं
बात–बात पर रोते हैं।

ऐसे समय में
जब रोना–हँसना
एक जैसा हो गया है
तो किसी भी चीज़ के बारे में
क्या कहा जा सकता है!!

अपना–पराया

दूसरों का दुख
लोगों की ख़ुशी का सबब होता है
और जब दुख में होते हैं वे
तो चाहते हैं कि
उनका दुख
दूसरों का दुख हो जाये!

कैसा दुख है यह
जो दुख नहीं होता
अपना और पराया हो जाता है!!

कोई और जगह

कूड़ाघरों से रोज़–रोज़
जब ज़िन्दगी बीनते हैं बच्चे
तब मिट जाता है फ़र्क़
इन्सान और जानवर का।

असंख्य मच्छर–मक्खियों
और पशुओं के मध्य
प्लास्टिक की बोतलें, फटे–पुराने कपड़े
इलेक्ट्रॉनिक के बेकार सामान
प्लास्टिक के खिलौने और
बीयर–व्हिस्की की बोतलें
जब वे बीन रहे होते हैं
तब ऐसा लगता है
जैसे सृष्टि में धन बटोर रहे हों वे!

बेहिसाब गन्दगी और बदबू के नरक में
कहीं गहरे धँसे
ख़ज़ानों को ढूँढ़ लेना चाहते हैं वे!

कूड़ों के जिन टीलों और पहाड़ों को
रोज़–बरोज़ निर्मित करते हैं हम

उन्हीं के बीच
ज़िन्दगी को ढूँढ़ते और जीते हैं वे
शायद कोई और जगह
छोड़ी ही नहीं है हमने
उनके लिए इस सृष्टि में!

हरियाली सिविल संस्कृति की

हर शहर की
अपनी सिविल लाइंस होती है
जो पहले भूरे साहबों से
और अब अपनों से आबाद है।

हर शहर की ही नहीं
देश की संस्कृति है 'सिविल लाइंस'
और यह संस्कृति
अपनी शानोशौकत में
अश्लील ढंग से समृद्ध हुई है।

और औपनिवेशिक निरन्तरता को
बनाये रखने वाली नौकरशाही
लगातार सामन्ती हुई है लोकतन्त्र में।

समस्याओं से घिरे शहर, गाँव, क़स्बे
बदलाव के लिए देखते हैं
सिविल लाइंस की ओर
जैसे सभी लोग देखते हैं
राजधानियों की ओर।

पर बदलाव की
उल्टी बयार
जब गाँवों और खेत–खलिहानों से होती हुई
शहरों की ओर चलती है
तो बहुत कुछ बदल जाता है।

वैसे 'सिविल लाइंस' भी चाहे
तो बहुत कुछ बदल सकता है।

शहरों से लेकर राजधानी तक
विस्तार है सिविल संस्कृति का
पर कुछ भी नहीं बदलता इस संस्कृति से
प्राकृतिक आपदाएँ भले ही कुछ बदल दें!
जो कि स्वप्न में भी
कभी नहीं चाहेंगे वैसा बदलाव
पर स्वीकार करना पड़ता है
लोगों को उसी तरह
जिस तरह अक्षय शक्ति के स्रोत
सिविल लाइंस के आचरण को।

अपनी कार्यशैली में नौकरशाही
अवरुद्ध ही नहीं करती
बदलाव के मिज़ाज को
बल्कि बंजरपन भी निर्मित करती है
लोगों के जीवन में।

तभी तो बची रहती है
हरियाली इस संस्कृति की।

जिसका आनन्द उठाते हैं
सेठ–साहूकार
नेता–पत्रकार
गुण्डे–ठेकेदार
नौकरशाहों की तरह
शेष देश में
बंजरपन को रोपते हुए!!

दाना माँझी

दाना मांझी
जब जीते जी व्यक्ति को सम्मान नहीं मिलता
तब मरने पर कहाँ मिलेगा
इस देश में!!

जीते जी तुम्हें
और मरी हुई तुम्हारी धर्मपत्नी को
दिल से
अपना नागरिक माना होता–
इस देश ने
तो जैसा हुआ तुम्हारे साथ
वैसा तो न हुआ होता!!

तुम्हारी ही तरह
क्या यह देश भी अभावग्रस्त था।
जो दस किलोमीटर तक पैदल चलते रहना पड़ा
धर्मपत्नी के शव को अपने कन्धों पर उठाये
और पैदल चलती रही
पिता और दिवंगत माँ का साथ देती
छोटी बेटी तुम्हारी!

एक अच्छे इन्सान की तरह साथ दिया
एक अच्छी बेटी ने!!

अपने तमाम अभावों में
एक दिवंगत को
यह अच्छी तरह दी गयी श्रद्धांजलि है!!!

एक देश और व्यवस्था का कन्धा
जब काम नहीं आता इन्सानों के
तो इन्सानों को ही रखना होता है
भरोसा अपने मजबूत कन्धों पर!

जीते जी धर्मपत्नी को
आपके कन्धों पर भरोसा था
इसलिए
मरने के बाद
जिस तरह उसे
नसीब हुए आप के कन्धे
कम ही नसीब होता है
दूसरों को उस तरह!!

एक बार फिर
ओछी साबित हुई हैं विकास योजनाएँ
उसी कालाहाँडी में।
व्यवस्था फिर स्वयं को पाक–साफ़ बताते हुए
दोषी ठहरायेगी आपको ही
पूरी होंगी जाँच और बहस की रस्में
सरकार और मीडिया में।

हमारे अभावों और आँसुओं की नियति है यह
जो लौटती है
हमारी ज़िन्दगियों में
बार–बार
एक रस्म की तरह!!

हिदायत

असली माल के पीछे
आ ही जाता है
नक़ली माल
बाज़ार में!

लाख हिदायतों के बावजूद
फँस ही जाते हैं लोग
उनके जाल में!!

मरुस्थल

मरुस्थल में हरियाली की खोज
नहीं है मनुष्यता
न ही जल का स्रोत।

मनुष्यता की खोज
मरुस्थल को बढ़ने से रोकना है

हिलने लगती हैं
जब सभ्यता की आस्थाएँ
और उसके नैतिक आचरण से
उठने लगता है विश्वास
तब अपने आप
बढ़ने लगता है मरुस्थल
और उसमें उठने वाला आँधी–तूफान
रोप देता है
लोगों के जीवन में मरुस्थल!

मनुष्यता की बजाय
विश्वास करने लगते हैं लोग
मरुस्थल में।

बिना आस्था
और आचरण के
सभ्यताएँ
विकसित नहीं होतीं और
न मनुष्यता का स्वप्न!

स्वप्न की राह में कूड़ाघर

अपना देश
जब विश्वगुरु बनने का सपना देख रहा हो
तब तुम कैसे गुरु हो कि
उस सपने से दूर
अभी भी अपनी निकृष्टताओं के
चरमोत्कर्ष में जीते हो।

दुनिया में जो कुछ भी श्रेष्ठ है
उसे भूल
सबको गरियाते हुए
अपनी धन्य मनाते हो!!

तब इसका इल्म भी नहीं होगा
आपको कि
कितनी बेसब्री से इन्तज़ार कर रहा है
राष्ट्र का कूड़ाघर आपका!

जब दुर्गन्ध अधिक फैलने लगती है
ऐसे लोगों से
तब खिसकने लगता है कूड़ाघर
धीरे धीरे उनकी ओर।

विश्व गुरु बनने के
सपने की राह में है कूड़ाघर।

और गन्दगी फैलाने के लिए ही
पैदा हुए हैं आप जैसे लोग
तो एक राष्ट्र कर भी क्या सकता है
सिवाय इसमें जीने के
जिसकी नियति ही
सफ़ाई पसन्द न हो!!

दृश्य–अदृश्य

आजकल
सच को छिपाने का अभियान ज़ोरों पर है
इस अभियान के लाभार्थी
किसी भी सच को
झूठ में
किसी भी दुख को
सुख के पाठ में बदल देते हैं
जो ओझल–सा कर देता है सच को

पर सच अदृश्य होते हुए भी
दृश्य बना रहता है
हमारी आँखों के किसी कोने में
दृश्य–अदृश्य सब कुछ
साफ़–साफ़ दिखाई देता है
नहीं दिखायी देता है तो
उसे बचाने का उपक्रम!!

तमीज़

मनुष्य और प्रकृति के रिश्ते से
उपजी थी तमीज़
जो अन्य तमीज़ों को
अपने आप निर्मित कर देती थी।

ग़रीबी भी सिखाती है
तमीज़ ज़िन्दगी की।

समृद्धि से
नहीं आती है तमीज़
और ऐसी समृद्धि
जो कुरूपता को जन्म दे
वह रिश्ता बना ही नहीं सकती
मिट्टी और मनुष्यता से।

तमीज़ कहीं से आती नहीं है
चलकर पहुँचना होता है उस तक
ठीक उसी तरह
जैसे मनुष्यता
कहीं से चलकर नहीं आती
उस तक
पहुँचना होता है चलकर।

शिकायत

उन्होंने हमें बाँटा
फिर स्वयं बँटे हम।

फिर दूसरों द्वारा
बाँटे जाने की शिकायत क्यों!

जब हम स्वयं ही
विश्वास करते हैं बँटने में
तो बँटते रहेंगे आगे भी।

लायक

अपने–अपने हिसाब से
लायक और नालायक होते हैं लोग

जो नालायक होते हैं
वे लायक नहीं
और जो लायक होते हैं
वे नालायक नहीं
पाठ अनेक हो सकते हैं उनके।

अपने हिसाब से
लायक बन चुके हैं शासक
और शासित हो चुके हैं नालायक

पर सबसे बुरी बात नालायकों की तो यह है, कि
रह–रहकर लायकों की
सत्ता को चुनौती देते रहते हैं वे
शान्ति से नहीं रहने देते उन्हें
और लायक हैं कि–
इसके लिए
युद्ध करते हैं उनसे।

उनका मानना है कि
कैसे बन सकते हैं
लायक सभी लोग!
इसलिए
बनने नहीं देते
सबको लायक वे!!

❑❑